BEI GRIN MACHT SICH IHR WISSEN BEZAHLT

- Wir veröffentlichen Ihre Hausarbeit, Bachelor- und Masterarbeit

- Ihr eigenes eBook und Buch - weltweit in allen wichtigen Shops

- Verdienen Sie an jedem Verkauf

Jetzt bei www.GRIN.com hochladen und kostenlos publizieren

Bibliografische Information der Deutschen Nationalbibliothek:

Die Deutsche Bibliothek verzeichnet diese Publikation in der Deutschen National-
bibliografie; detaillierte bibliografische Daten sind im Internet über http://dnb.d-
nb.de/ abrufbar.

Impressum:

Copyright © 2016 GRIN Verlag, Open Publishing GmbH
Druck und Bindung: Books on Demand GmbH, Norderstedt Germany
ISBN: 9783668297456

Dieses Buch bei GRIN:

http://www.grin.com/de/e-book/340130/privatisierung-von-luftsicherheit-moeglich-
keiten-und-grenzen

Simon Landmesser

Aus der Reihe: e-fellows.net stipendiaten-wissen

e-fellows.net (Hrsg.)

Band 2119

Privatisierung von Luftsicherheit. Möglichkeiten und Grenzen

GRIN Verlag

GRIN - Your knowledge has value

Der GRIN Verlag publiziert seit 1998 wissenschaftliche Arbeiten von Studenten, Hochschullehrern und anderen Akademikern als eBook und gedrucktes Buch. Die Verlagswebsite www.grin.com ist die ideale Plattform zur Veröffentlichung von Hausarbeiten, Abschlussarbeiten, wissenschaftlichen Aufsätzen, Dissertationen und Fachbüchern.

Besuchen Sie uns im Internet:

http://www.grin.com/

http://www.facebook.com/grincom

http://www.twitter.com/grin_com

Hausarbeit an der Universität Kassel zum Thema

Privatisierung von Luftsicherheit - Möglich-
keiten und Grenzen

Verfasser: Simon Landmesser

Datum der Abgabe: 05.06.2016

GLIEDERUNG

1. Einleitung/Problemdarstellung

An allen deutschen Großflughäfen werden die Fluggastkontrollen durch private Sicherheitsdienstleister durchgeführt. Für den Bürger[1] stellen sich diese Kontrollen zunächst als lästige aber notwendige Maßnahme dar, um die Sicherheit im Luftverkehr zu gewährleisten. Ziel der Fluggastkontrolle ist es, das Verbringen von verbotenen Gegenstände (Anlage 4C der EU Verordnung Nr. 2015/1998) in den Sicherheitsbereich des Flughafens zu verhindern und dadurch Angriffe auf die Sicherheit des Luftverkehrs abzuwehren (§ 1 Luft-SiG).

In jüngster Vergangenheit geriet die Wahrnehmung dieser Aufgabe durch private Unternehmen stark in Kritik. Im Jahr 2014 wurden am Frankfurter Flughafen durch die Europäische Kommission erhebliche Sicherheitsmängel bei der Fluggastkontrolle festgestellt (Galle 2015). Aktuell ist deswegen ein Vertragsverletzungsverfahren der EU-Kommission gegen die Bundesrepublik Deutschland anhängig. Die Bundesregierung ihrerseits räumte das Bestehen von Defiziten bei der Überprüfung der Fluggastkontrollen ein (Spiegel Online 2015). Erst im April dieses Jahres wurden auch am Flughafen Köln/Bonn durch EU-Prüfer deutliche Mängel bei den Sicherheitskontrollen nachgewiesen (Westdeutscher Rundfunk Köln 2016).

Daher ist es nicht verwunderlich, dass immer wieder Stimmen in der Öffentlichkeit laut werden, die eine Rückabwicklung der Privatisierung der Fluggastkontrollen fordern (u.a. Walter/Stüven 2015; Spiegel Online 2015).

Vor diesem Hintergrund stellt sich die Forschungsfrage, wie weit Privatisierung im Sicherheitsbereich gehen darf. Dies soll am Fall der Privatisierung der Fluggastkontrollen an deutschen Großflughäfen untersucht werden. Hierzu wird in dieser Arbeit zunächst eine Typologisierung der verschiedenen Privatisierungsarten erfolgen und anschließend die Durchführung der Fluggastkontrollen in diese eingeordnet. Danach wird die Privatisierung der Aufgabe der Fluggastkontrolle anhand der Agenturtheorie analysiert und bewertet. Darüber hinaus soll ein Vergleich gezogen werden zum abweichenden Modell am Flughafen München. Am Ende folgt ein Fazit.

---

[1] Aus Gründen der besseren Lesbarkeit wird im weiteren Verlauf auf die Formulierung der weiblichen Form verzichtet, die Verwendung der männlichen Form soll als geschlechtsunabhängig gelten.

2. Begriffsbestimmung

In diesem Kapitel werden die wichtigsten Begriffe erläutert, die für die nachfolgenden Themenbereiche relevant sind.

2.1 Privatisierung

Zunächst ist es erforderlich, die gängigsten Arten der Privatisierung zu erläutern, damit im weiteren Verlauf eingeordnet werden kann, welche Form der Privatisierung den Fluggastkontrollen zuzuordnen ist.

Privatisierung allgemein bezeichnet Münch als „eine Sammelbezeichnung für vielfältige und abgestufte Formen der Übertragung staatlichen Handelns auf die private Ebene" (Münch 2014: 22).

In der Literatur wird vorwiegend zwischen den drei Privatisierungsarten der formellen, materiellen sowie funktionalen Privatisierung differenziert (Maurer 2009: 5), welche als „idealtypische Grundmodelle" (ebd.) betrachtet werden können.

Auf die noch häufig differenzierte Art der Vermögensprivatisierung wird hier nicht eingegangen, da diese für die Untersuchung der Forschungsfrage nicht von Relevanz ist.

2.1.1 Formale Privatisierung

Bei der auch als Organisationsprivatisierung bezeichneten formalen Privatisierung verbleibt die Aufgabenverantwortung vollständig beim Staat, lediglich die Organisationsform wird zu privatrechtlicher Natur umgewandelt (Scheele 2010: 74). Es handelt sich daher um die schwächste Art der Privatisierung. Der Staat befreit sich damit aus den Zwängen, die ihm aus öffentlich-rechtlichen Organisationsformen auferlegt werden, behält dennoch vollständig Kontrolle über die neu gegründeten Organisationen. Dadurch können die Vorteile der privatrechtlichen Organisation genutzt werden ohne dass gegen das demokratische Legitimationsgebot verstoßen wird (Münch 2014: 26 f.).

Maurer ist der Meinung, dass es sich bei der formalen Privatisierung streng genommen gar nicht um eine Privatisierung handelt, da es nicht zur Übertragung von staatlichem Handeln auf Private kommt (Maurer 2009: 5).

2.1.2 Funktionale Privatisierung

Wie bei der formalen Privatisierung verbleibt die Aufgabenverantwortung vollständig beim Staat, jedoch wird die Erledigung der Aufgabe an einen Privaten delegiert (Weisel 2003: 49).

Die funktionale Privatisierung ist somit systematisch zwischen der formalen und materiellen Privatisierung einzuordnen. „Der Staat gibt demnach [...] weder eine Aufgabe vollständig aus der Hand, noch bedient er sich, wie bei der formalen Privatisierung, lediglich einer privatrechtlichen Organisationsform." (Münch 2014: 27)

Hierbei kann zwischen echter und unechter funktionaler Privatisierung unterschieden werden. Unechte funktionale Privatisierung liegt vor, wenn die Auslagerung der Aufgaben an eine zuvor durch formale Privatisierung entstandene Organisation erfolgt. Ist dies nicht der Fall, so wird von echter funktionaler Privatisierung gesprochen.

Unterfälle der funktionalen Privatisierung stellen die Verwaltungshilfe und die Beleihung dar, auf die im weiteren Verlauf (Kapitel 2.1.4, 2.1.5) eingegangen wird.

2.1.3 Materielle Privatisierung

Die auch als Aufgabenprivatisierung bezeichnete materielle Privatisierung ist die vergleichsweise stärkste Form der Privatisierung (Münch 2014: 23).

Der Staat gibt hierbei seine Aufgabenverantwortung vollständig an Private ab, er entledigt sich somit komplett der Verwaltungsaufgabe (Maurer 2009: 6).

Die materielle Privatisierung unterliegt engen Grenzen, da der Staat dem demokratischen Legitimationsgebot gerecht werden muss. Er kann daher nicht nach Belieben Aufgaben an Private auslagern. Je stärker Maßnahmen in die Grundrechte von Bürgern eingreifen, desto stärker müssen die jeweils ausführenden privaten oder juristischen Personen demokratisch legitimiert sein.

2.1.4 Einordnung des Beleihungsrechtsverhältnisses

Die Beleihung ist eine besondere Form der Privatisierung. Während einige Autoren sie als eigenständige Privatisierungsart ansehen (so z.B. Münch 2014: 30 f.; Maurer 2009: 6 f.), wird sie vielfach als Unterfall der funktionalen Privatisierung kategorisiert (so z.B. Weisel 2003: 49; BremStGH 2002: 83).

Beleihung definiert Freitag nach der Rechtsstellungstheorie treffend als „ein Vorgang, an dessen Ende [...] ein Privatrechtssubjekt dadurch zum Beliehenen wird, dass ihm die Ausübung öffentlich-rechtlicher Befugnisse sowohl obrigkeitlich-hoheitlicher [...] als auch schlichthoheitlicher Art [...] ermöglicht wird." (Freitag 2005: 21)

Wie der Staatsgerichtshof der Freien Hansestadt Bremen (BremStGH) in einem wegweisenden Urteil zur Beleihung feststellt, bewirkt die Beleihung „eine Aufspaltung zwischen fortbestehender staatlicher Aufgabenzuständigkeit und Aufgabenverantwortung einerseits und Aufgabenerfüllung durch Private andererseits." (BremStGH 2002: 83)

Die Beleihung unterscheidet sich insofern von anderen Formen der Privatisierung, als dass nicht nur Aufgaben an Private übertragen werden, sondern mit ihnen auch hoheitliche Befugnisse. Wie aus der oben genannten Definition bereits erkennbar ist, geht die Übertragung der hoheitlichen Befugnisse sogar so weit, dass der Beliehene befugt ist, unmittelbaren Zwang auszuüben. Die Beleihung führt jedoch auch zu einer Grundrechtsbindung des Beliehenen im Rahmen seiner Aufgabenwahrnehmung (Stober 2008: 2306).

In den letzten Jahren erfreut sich das Rechtskonstrukt der Beleihung immer größerer Beliebtheit in der Verwaltung. Voßkuhle beschreibt anschaulich, dass die Beleihung „wie Phönix aus der Asche zum neuen Hoffnungsträger für dogmatische Bewältigung staatlich-gesellschaftlicher Kooperation aufgestiegen ist." (Voßkuhle 2003: 301). Er sieht als Grund dafür die „gelungene Verschmelzung von privatem Status und staatlicher Funktion" (ebd.).

Kennzeichnend für Beliehene ist, dass sie in eigenem Namen und in eigener Verantwortung handeln (Freitag 2005: 21). Eine Verwechslung mit Beamten wird dadurch ausgeschlossen, da der Beliehene weiterhin als juristische Person des Privatrechts auftritt.

Aufgrund der definitorischen Nähe der Beleihung zur Verwaltungshilfe bedarf es einer Abgrenzung der beiden Begriffe voneinander.

2.1.5 Abgrenzung Beleihung zur Verwaltungshilfe

Ebenso wie Beliehene sind auch Verwaltungshelfer der funktionalen Privatisierung zuzuordnen. „Als Verwaltungshelfer kann eine natürliche Person bezeichnet werden, der Hilfstätigkeiten in der Verwaltung zugewiesen sind und deren Verhalten der Verwaltung als eigenes zugerechnet wird." (Heintzen 2003: 254)

Der Verwaltungshelfer unterscheidet sich also vom Beliehenen zum einen dadurch, dass er nicht in eigenem Namen und in eigener Verantwortung tätig wird. Er erhält vielmehr einen hoheitlichen Auftrag ohne dass ihm hoheitliche Befugnisse eingeräumt werden (Voßkuhle 2003: 299). Der Handlungsspielraum des Verwaltungshelfers ist somit stark eingeschränkt, er kann im Gegensatz zum Beliehenen nicht selbstständig Entscheidungen treffen, sondern handelt im engen Rahmen des ihm erteilten Auftrages.

Nachdem die Privatisierungsarten erläutert und die Beleihung eingeordnet wurde, wird im nachfolgenden Kapitel die Agenturtheorie vorgestellt, anhand derer im weiteren Verlauf die Probleme und Lösungsmöglichkeiten der Privatisierung der Fluggastkontrollen analysiert werden sollen.

2.2 Agenturtheorie

Die Agenturtheorie ist als Teil der institutionenökonomischen Theorien der Wissenschafts-theorie der Organisationstheorie zuzuordnen. Organisationstheorien und damit auch die Agenturtheorie sollen „das Entstehen, das Bestehen und die Funktionsweise von Organisationen erklären bzw. verstehen." (Scherer/Marti 2014: 15)

Ausgangspunkt für die auch als Principal-Agent-Ansatz bezeichnete Agenturtheorie ist der zwischen einem Prinzipal und einem Agenten bestehende Vertrag. Der Prinzipal ist dabei Auftraggeber, der Agent Auftragnehmer (Bea/Göbel 2006: 159). Grundlage der Agenturtheorie ist die „Annahme, dass die Gestaltung und die Erfüllung von Verträgen durch die Verhaltensmaxime einer beiderseitig erwarteten Nutzenmaximierung geprägt sind." (Kieser/Walgenbach 2007: 50)

Die Theorie geht davon aus, dass der Agent einen Informationsvorsprung zum Prinzipal hat, da er selbst seine Fähigkeiten und Absichten am besten beurteilen kann und bei vom Prinzipal abweichenden Zielen „seinen Informationsvorsprung zu Lasten des Prinzipals" (Bea/Göbel 2006: 160) ausnutzen wird.

Kieser beschreibt drei Instrumente, mittels derer der Prinzipal den Agenten disziplinieren kann (Kieser/Walgenbach 2007: 51 f.):

(1) Beteiligung des Agenten am Ergebnis: Durch ein Anreizsystem sollen die Ziele des Agenten weitestgehend an den Zielen des Prinzipals ausgerichtet werden. Kieser beurteilt dieses Instrument als das wirksamste der drei.

5

(2) Verbesserung des Informationssystems: Der Informationsvorsprung des Agenten soll durch Informationspflichten gegenüber dem Prinzipal verringert werden.

(3) Direkte Verhaltenssteuerung: Diese umfasst das Formulieren von Regeln im Vertrag und die Kontrolle derer. Im Fall von Verstößen drohen dem Agenten Sanktionierungen.

Nachdem die verschiedenen Arten der Privatisierung und die Agenturtheorie erläutert wurden, wird im nächsten Kapitel die aktuelle Form der Durchführung der Fluggastkontrollen an deutschen Großflughäfen vorgestellt und in der Systematik der Privatisierungsarten eingeordnet.

3. Fluggastkontrollen als Aufgabe privater Unternehmen

„In addition to understanding the different types of services that police provide, we must also understand the various forms of privatization. To do so, we need to look at tow key dimensions of public service delivery: who pays for the service and who delivers ist." (Fixler Jr./Poole Jr 1988: 110)

Im weiteren Verlauf werden zunächst die beiden Fragen im zuvor genannten Zitat beantwortet und im Anschluss auftretende Mängel bei den Fluggastkontrollen erläutert.

Wie bereits in Kapitel 1 beschrieben, werden die Fluggastkontrollen an allen deutschen Großflughäfen durch private Unternehmen durchgeführt. Die Fluggastkontrollkräfte treten dabei in Dienstkleidung ihres jeweiligen Unternehmens auf und sind damit auch für den Bürger als Angehörige juristischer Personen des Privatrechts erkennbar.

Das Rechtsverhältnis der Fluggastkontrollkräfte ist in § 5 Abs. 5 LuftSiG geregelt. Demnach kann die Luftsicherheitsbehörde geeignete Personen beleihen und ihnen die Aufgaben nach § 5 Abs. 1-4 LuftSiG übertragen. Diese Aufgaben umfassen unter anderem die Durchsuchung von Personen, die sich im nicht allgemein zugänglichen Bereich des Flughafens befinden oder diesen betreten wollen sowie der mitgeführten Sachen. Es können unter bestimmten Voraussetzungen Personen angehalten und Platzverweise ausgesprochen werden. Dies alles sind Befugnisse, die in der Regel Vollzugsbeamten obliegen. Unstrittig dürfte sein, dass es sich hierbei um Eingriffe in die Grundrechte von Menschen und daher zweifelsohne um hoheitliche Maßnahmen handelt.

Aus diesem Grund ist eine materielle Privatisierung in diesem Bereich ausgeschlossen, denn ein vollständiges Zurückziehen des Staates aus dem Kernbereich staatlicher Aufgaben, zu denen die öffentliche Sicherheit ohne Frage gehört, ist unzulässig (Stober 2008: 2304).

Die Fluggastkontrolle kann jedoch in Form einer funktionalen Privatisierung durch beliehene Luftsicherheitsassistenten durchgeführt werden. Zuständige Luftsicherheitsbehörde für die Beleihung der Luftsicherheitsassistenten ist nach § 16 Abs. 3 S. 2 und 3 LuftSiG i.V.m. § 4 BPolG die Bundespolizei. Tatsächlich hat die Bundespolizei ihren Ermessensspielraum hier umfassend genutzt, sodass an allen deutschen Großflughäfen private Unternehmen die Fluggastkontrollen durchführen (Galle 2015).

Trotz mehrerer Anfragen war es dem Autor nicht möglich, Einsicht in einen vollständigen Vertrag zwischen privaten Unternehmen und der Bundespolizei zu erhalten. Ausschnitte eines Vertrages zwischen der Bundespolizei und einem beliehenen Unternehmen finden sich in einem Urteil des Bundesarbeitsgerichts, welcher hier beispielhaft für die inhaltliche Ausgestaltung herangezogen wird (BAG 2012: 456). Der Vertrag regelt, dass dem Unternehmen die Aufgaben des § 5 LuftSiG übertragen werden. Die Fluggastkontrollkräfte unterstehen dabei der Fachaufsicht der Bundespolizei. Bundespolizisten können diesen jederzeit Weisungen erteilen (ebd.). Das Unternehmen wird pauschal „pro eingesetzte Fluggastkontrollkraft und geleisteter Stunde" (ebd.) vergütet.

Die enge Verknüpfung zwischen privatem Unternehmen und der Bundespolizei ist notwendig, da die Aufgabenerfüllung zwar beim Unternehmen liegt, die Aufgabenverantwortung jedoch weiterhin bei der Bundespolizei (BremStGH 2002: 83).

Die zweite Frage im eingehenden Zitat wurde nun beantwortet, offen bleibt die Frage nach der Finanzierung der Fluggastkontrollen samt beliehener Luftsicherheitsassistenten. Dies erfolgt laut Luftsicherheitsgebührenverordnung (LuftSiGebV) durch die Erhebung einer Luftsicherheitsgebühr bei den Luftfahrtunternehmen, welche diese jedoch in aller Regel komplett oder teilweise auf die Fluggäste umlegen. Sie beläuft sich auf einen Betrag zwischen zwei und zehn Euro pro überprüften Fluggast (gemäß Anlage zu § 1 LuftSiGebV). Somit ergibt sich auch von Seiten der Luftfahrtunternehmen und Fluggäste indirekt ein Anspruch auf eine qualitativ hochwertige Durchführung der

Sicherheitskontrollen. Doch gerade bezüglich der Qualität der Sicherheitskontrollen stehen die beliehenen Unternehmen und die verantwortliche Bundespolizei stark in der Kritik.

Im Dokumentarfilm von Galle werden unterschiedliche Mängel kritisiert[2]:

- Als Hauptursache für die Mängel der Fluggastkontrollen „gilt die schlechte Ausbildung der Kontrolleure" (Galle 2015: 00:29 Min., 17:30 Min.).
- Dem Bundesinnenministerium werden unzureichender Umfang und Häufigkeit der Überwachung der Fluggastkontrollen vorgeworfen (ebd.: 03:08 Min.). Der Inspektionsbericht der EU-Kommission wird durch Galle zitiert: „Trotz regelmäßiger Überwachung von Flughäfen, Betreibern und sonstigen Stellen wurden bei der Überwachung der Einhaltung der Vorschriften nicht alle einschlägigen Sicherheitsmaßnahmen hinreichend berücksichtigt." (ebd.: 03:24 Min.)
- Stichprobenartige Kontrollen haben ergeben, dass in jedem zweiten Fall verbotene Gegenstände durch die Fluggastkontrollen des Frankfurter Flughafen verbracht werden konnten (ebd.: 04:06 Min.). Das Bundesinnenministerium wird hierzu durch Galle zitiert: „Der Mangel war so schwerwiegend, dass er sich erheblich auf die Luftsicherheit der Gemeinschaft auswirkt." (ebd.: 06:01 Min.)

Die hier aufgeführten Mängel beziehen sich auf den Frankfurter Flughafen. Dass jedoch weitestgehend identische Mängel am Flughafen Köln/Bonn in diesem Jahr offengelegt wurden (Westdeutscher Rundfunk Köln 2016), deutet darauf hin, dass die Problematik voraussichtlich an allen Flughäfen besteht, die nach demselben Prinzip der funktionalen Privatisierung arbeiten.

Im Freistaat Bayern wird ein Sonderweg bei den Fluggastkontrollen am Flughafen München gegangen (Galle 2015: 26:50 Min.). Auch hier werden die Fluggastkontrollen durch ein privates Unternehmen durchgeführt, dieses unterscheidet sich jedoch wesentlich von den anderen Großflughäfen, da die dort beliehene Sicherheitsgesellschaft am Flughafen München mbH (SGM-MUC) komplett in der Hand des Freistaates Bayerns liegt. Die SGM-MUC entstand im Jahr 1986 durch eine formelle Privatisierung (Sicherheitsgesell-

---

[2] Galle zitiert in seinem Dokumentarfilm verschiedene Dokumente der EU-Kommission und des Bundesinnenministeriums. Da diese Dokumente als vertraulich eingestuft sind, ist es dem Autor nicht möglich, diese direkt zu zitieren, sondern werden anhand des vorliegenden Dokumentarfilms zitiert.

schaft München mbH 2016). Somit handelt es sich bei der Beleihung der SGM-MUC um eine unechte funktionale Privatisierung. Auf diesen Sonderweg des Münchner Flughafens wird an späterer Stelle nochmals eingegangen.

Aufgrund der zuvor erläuterten Kritik und den festgestellten Mängeln stellt sich nun die Frage, was die konkreten Problemfelder und Lösungsmöglichkeiten dieser sind und ob die Privatisierung in der jetzigen Form die richtige Wahl ist.

4. Verstaatlichung oder Privatisierung von Luftsicherheit

Die Frage, ob die Aufgabe der Fluggastkontrollen wieder verstaatlich werden muss oder ob die funktionale Privatisierung eine sinnvolle Option der Aufgabenerfüllung ist, soll anhand der Agenturtheorie erörtert werden. Darüber hinaus bestehende verfassungsrechtliche Schranken sind nicht Thema dieser Hausarbeit.

Als Auftraggeber und somit als Prinzipal tritt hier die Bundespolizei auf. Demgegenüber steht als Auftragnehmer das beliehene Sicherheitsunternehmen als Agent.

4.1 Problemkreise

Nach der Agenturtheorie ergeben sich Probleme bei der Vertragsgestaltung und -erfüllung hauptsächlich durch divergierende Ziele von Prinzipal und Agent. Es stellt sich daher zunächst die Frage, was in diesem Fall die Ziele von Bundespolizei und beliehenem Unternehmen sind.

Das vorrangige Ziel der Bundespolizei ergibt sich zum einen aus dem gesetzlichen Auftrag, „Angriffe auf die Sicherheit des Luftverkehrs im Sinne des § 1 abzuwehren." (§ 1 S. 1 LuftSiG). Darüber hinaus unterliegt auch die Bundespolizei dem Prinzip der Wirtschaftlichkeit und Sparsamkeit, dem sie wie die gesamt öffentliche Verwaltung des Bundes nach § 7 BHO verpflichtet ist (Präsident des Bundesrechnungshofes 2013: 17). Darin wird der Bund auch zur Prüfung verpflichtet, „inwieweit staatliche Aufgaben [...] durch Ausgliederung und Entstaatlichung oder Privatisierung erfüllt werden können." (§ 7 Abs. 1 S. 2 BHO)

Demgegenüber steht das beliehene Unternehmen, welchem als vorrangiges Ziel wirtschaftlicher Profit zuzuordnen ist (Galle 2015: 11:40 Min.).

Der Agent hat in diesem Fall verschiedene Möglichkeiten, seinen Profit zu steigern. Da er laut Vertrag eine pauschale Vergütung pro eingesetzter Fluggastkontrollkraft und geleisteter Stunde erhält, kann er am einfachsten durch Lohnsenkung eine Profitsteigerung erreichen. Das sogenannte „Lohndumping" kann dazu führen, dass die Mitarbeiter des Unternehmens weniger stark qualifiziert sind (Galle 2015: 14:05 Min.). Die Qualifizierung der Fluggastkontrolleure kann durch eine gute Aus- und Fortbildung gestärkt werden, doch auch hier besteht Einsparpotenzial. Mangelhafte Ausbildung wird deshalb als Hauptursache der Mängel im Bereich der Fluggastkontrollen gesehen (vgl. Kapitel 3).

Der BremStGH sieht „bei beliehenen Unternehmen, [...] die neben der Erfüllung von Verwaltungsaufgaben auch erwerbswirtschaftliche Ziele verfolgen, die Gefahr einer Vermischung privater und öffentlicher Handlungsziele, -maßstäbe und -motive." (BremStGH 2002: 84)

4.2 Lösungsmöglichkeiten

Mögliche Lösungsansätze können anhand der oben vorgestellten (vgl. Kapitel 2.2) drei Instrumente Kiesers aufgezeigt werden.

(1) Beteiligung des Agenten am Ergebnis
Kieser bezeichnet dieses Instrument als das wirksamste, da hierdurch das Ziel des Agenten am Ziel des Prinzipals ausgerichtet werden kann (Kieser/Walgenbach 2007: 52). Die Gestaltung eines Anreizsystems steht dabei im Mittelpunkt. Problematisch in diesem Fall ist jedoch, dass die erbrachte Dienstleistung ‚Sicherheit' ein sehr weicher Faktor ist. Das Ergebnis ist nur sehr schwer messbar. Die Zielerreichung kann fast nur negativ bestimmt werden, also durch das „Nichteintreten" eines Angriffes auf die Sicherheit des Luftverkehrs. Ein wirtschaftlicher Gewinn durch die Leistungserstellung fällt an den Prinzipal nur durch die Luftsicherheitsgebühr ab, die jedoch unabhängig von der Qualität der erbrachten Leistung gezahlt wird. Somit ist die Verwirklichung eines positiven Anreizsystems fast unmöglich. Vorstellbar wäre, bei guten Ergebnissen im Rahmen von durchgeführten Kontrollen durch den Prinzipal oder durch unabhängige Stellen wie die EU-Kommission zu entlohnen. Was ein „gutes Ergebnis" darstellt und wie oft Überprüfungen durchgeführt werden, müsste vertraglich präzise geregelt werden. Ein solches Anreizsystem würde auch in direktem Zusammenhang mit der nachfolgend erläuterten direkten Verhaltenssteuerung stehen.

(2) Verbesserung des Informationssystems

Da die Fluggastkontrollen unter ständiger Aufsicht von Bundespolizisten stehen, besteht hier bereits ein sehr direkter Informationskanal. Darüber hinaus ist insbesondere im Bereich der Aus- und Fortbildung ein ständiger Informationsaustausch erforderlich, sodass die Bundespolizei auf Abweichungen zum angestrebten Standard angepasst reagieren kann. Insbesondere direkte Rückkopplung seitens der Luftsicherheitsassistenten zur Bundespolizei wäre ein wichtiger Bestandteil eines guten Informationssystems und könnte beispielsweise durch einen unabhängigen Ansprechpartner verwirklicht werden.

(3) Direkte Verhaltenssteuerung

Kieser beurteilt dieses Instrument als „begrenzt realisierbar" (ebd.: 51), da es ein „hohes Maß an Informiertheit auf Seiten des Prinzipals voraus[setzt]" (ebd.).

In dem hier betrachteten Fall besteht jedoch aufgrund der rechtlichen Rahmenbedingungen bereits ein sehr engmaschiges Kontrollsystem, da die Luftsicherheitsassistenten unter ständiger Beobachtung von Polizeivollzugsbeamten stehen und den Weisungen dieser Folge zu leisten haben. Ausgehend davon erhält hier auch das Instrument der direkten Verhaltenssteuerung eine deutliche Aufwertung.

So könnte vertraglich geregelt werden, dass erkannte Mängel bei der Durchführung der Fluggastkontrollen zu finanziellen Sanktionen führt. In großem Rahmen festgestellte Mängel, wie im Fall Flughafen Frankfurt/Main oder Köln/Bonn durch die EU-Kommission, müssten eine vorzeitige Beendigung des Vertrages zwischen Bundespolizei und beliehenem Unternehmen nach sich ziehen. Andernfalls könnte vertraglich eine Verringerung der pauschalen Vergütung angedroht werden.

Ein engmaschiges Kontrollsystem, angedrohte und umzusetzende Sanktionierungen sind in einem so hochgradig sicherheitsrelevanten Bereich überaus wichtig und Voraussetzung um dem Profitstreben der beliehenen Unternehmen entgegenzuwirken. Aus diesem Grund fordert der BemStGH auch eine „umfassende[n] Rechts- und Fachaufsicht über die Beliehenen." (BremStGH 2002: 81). Die Möglichkeiten der Einwirkung auf den Agenten dürfe „nicht durch - gegebenenfalls auch grundrechtlich geschützte - Abwehrrechte der Gesellschaft oder der Gesellschafter beschränkt werden." (ebd.: 84)

4.3 Das „Münchner Modell"

Eine Alternative, um die Ziele des Agenten an den Zielen des Prinzipals auszurichten, bietet auch das Modell am Flughafen München. Da sich das dort beliehene Unternehmen zu 100 Prozent in staatlicher Hand befindet, verfolgt auch das Unternehmen vorrangig die staatlichen Ziele, also hier die Sicherheit des Luftverkehrs (Galle 2015: 27:15 Min.). Nichtsdestotrotz können durch die privatrechtliche Organisationsform die wirtschaftlichen und rechtlichen Vorteile dieser Organisationsform genutzt werden.

Da die Löhne der Luftsicherheitsassistenten an denen des Tarifvertrags für den öffentlichen Dienst angelehnt sind (Galle 2015: 27:08 Min.) besteht auch nicht die Gefahr des Lohndumpings.

Entscheidend bei einer solchen landeseigenen Gesellschaft ist, dass diese weiterhin der demokratischen Kontrolle unterliegt. Es sind „Weisungsrechte und Zustimmungsvorbehalte oder Verpflichtungen der Vertreter [...] in der Gesellschafterversammlung oder im Aufsichtsrat vorzusehen." (Mandelartz 1995: 156). So wird die Ausrichtung an den staatlichen Zielen gewährleistet.

Somit kann im Ergebnis festgestellt werden, dass die gewählte Form der funktionalen Privatisierung diverse Konflikte mit sich bringt die zu Mängeln bei der Durchführung der Sicherheitskontrollen führen können. Wird diesen Problemen jedoch konsequent - insbesondere durch ständige Kontrolle - entgegengewirkt, kann aus Sicht des Autors die Privatisierung der Fluggastkontrollen in Form einer funktionalen Privatisierung mit beliehenen Luftsicherheitsassistenten eine gute Möglichkeit der Entlastung der Bundespolizei bei gleichzeitiger Sicherstellung der Luftsicherheit sein.

5. Fazit - Beliehene Luftsicherheitsassistenten als voraussetzungsvolle Möglichkeit der Privatisierung

Die Privatisierung der Fluggastkontrollen an deutschen Großflughäfen wird durch Beleihungen privater Unternehmen durchgeführt. Eine Privatisierung in einem so sensiblen und staatsnahen Bereich unterliegt stets dem kritischen Blick der Öffentlichkeit. Da in den letzten Jahren vermehrt Mängel in diesem Bereich festgestellt wurden, fordern verschiedene Akteure die Rückabwicklung der Privatisierung. Die Probleme die eine solche Privatisierung mit sich bringen sind unbestreitbar. Das größte Problem besteht dabei in der Diskrepanz zwischen dem Ziel der Sicherheit auf Seiten des Staates und den erwerbswirtschaftlichen Zielen auf Seitens der privaten Unternehmen.

Was die kritischen Stimmen jedoch außer Acht lassen, sind Möglichkeiten der Lösung der bestehenden Probleme. So muss vorrangig die Rechts- und Fachaufsicht der Bundespolizei über die beliehenen Luftsicherheitsassistenten ausgebaut und entsprechende Möglichkeiten der Einwirkung auf die privaten Unternehmen gegeben sein.

Sofern die nötigen Voraussetzungen geschaffen sind, ist die Durchführung der Fluggastkontrollen durch Beliehene nach Einschätzung des Autors eine sinnvolle Möglichkeit der Entstaatlichung.

Das Modell einer unechten funktionalen Privatisierung wie am Flughafen München, wird den Gesamtanforderungen am besten gerecht, da die Problematik der Zieldivergenz zwischen Prinzipal und Agent gar nicht erst entsteht und somit auch vielfach vor Kritik gefeit ist.

Ob die aktuelle Ausgestaltung der Privatisierung der Fluggastkontrollen auch den verfassungsrechtlichen Schranken entspricht, war nicht Gegenstand dieser Hausarbeit und könnte im Rahmen weiterer Forschungsarbeit untersucht werden.

Literaturverzeichnis

BAG-Urteil vom 18.01.2012, 7 AZR 723/10, in: Neue Zeitschrift Arbeitsrecht Rechtsprechungsreport 2012: 455-459.

Bea, Franz Xaver/Göbel, Elisabeth (2006): Organisation, 3. Auflage, Stuttgart: Lucius & Lucius.

BremStGH-Urteil vom 15.01.2002, St 1/01, in: Neue Zeitschrift für Verwaltungsrecht 2003: 81-86.

Fixler Jr., Philip E./ Poole Jr., Robert W. (1988): Can Police Services Be Privatized?, in: Annals of the American Academy of Political and Social Science, vol. 498: 108-118.

Freitag, Oliver (2005): Das Beleihungsrechtsverhältnis, in: Burgi, Martin (Hrsg.): Schriften zum Wirtschaftsverwaltungs- und Vergaberecht, Baden-Baden: Nomos, Band 3.

Galle, Sebastian (2015): Sicherheitslücken am Frankfurter Flughafen, Onlinequelle: http://www.zdf.de/zdfzoom/zdfzoom-sicherheitsluecken-am-frankfurter-flughafen-39993618.html (Abrufdatum: 14.05.2016), veröffentlicht: 09.09.2015. Dokumentation, 30 Min., Deutschland: ZDF.

Heintzen, Markus (2003): Beteiligung Privater an der Wahrnehmung öffentlicher Aufgaben und staatliche Verantwortung: 1. Bericht von Markus Heintzen, in: Veröffentlichungen der Vereinigung der Deutschen Staatsrechtslehrer (Band 62) 2003: 220-265.

Kieser, Alfred/Walgenbach, Peter (2007): Organisation, 5. Auflage, Stuttgart: Schäffer-Poeschel.

Mandelartz, Herbert (1995): Reform von innen statt Verlagerung nach außen: Verwaltungsmodernisierung und Organisationsprivatisierung, in: Verwaltung und Management 1995: 152-158.

Maurer, Hartmut (2009): Die verfassungsrechtlichen Grenzen der Privatisierung in Deutschland, in: Juridicia international 2009: 4-13.

Münch, Antje (2014): Das Spannungsverhältnis zwischen funktionaler Privatisierung und demokratischer Legitimation, in: Hoffmann-Riem, Wolfgang/Schneider, Jens-Peter/Schuppert, Gunnar Folke (Hrsg.): Studien zu Staat, Recht und Verwaltung, Baden-Baden: Nomos, Band 22.

Präsident des Bundesrechnungshofes (Hrsg.) (2013): Anforderungen an Wirtschaftlichkeitsuntersuchungen finanzwirksamer Maßnahmen nach § 7 Bundeshaushaltsordnung, Stuttgart: Kohlhammer.

Scheele, Ulrich (2010): Privatisierung öffentlicher Unternehmen: Theorie und Praxis, in: Blanke, Thomas/Fedder, Sebastian (Hrsg.): Privatisierung, Baden-Baden: Nomos, 71-136.

Scherer, Andreas Georg/Marti, Emilio (2014): Wissenschaftstheorie der Organisationstheorie, in: Kieser, Alfred/Ebers, Mark (Hrsg.): Organisationstheorien, Stuttgart: Kohlhammer, 15-42.

Sicherheitsgesellschaft am Flughafen München mbH (2016): Historie der Sicherheitsgesellschaft am Flughafen München mbH, Onlinequelle: http://www.sgm-muc.de/ueber-sgm/historie/ (Abrufdatum: 18.05.2016).

Spiegel Online (2015): Sicherheit an Flughäfen: Regierung räumt Mängel bei Kontrollen ein, Onlinequelle: http://www.spiegel.de/politik/deutschland/flughafen-sicherheit-regierung-sieht-maengel-bei-kontrollen-a-1043332.html (Abrufdatum: 16.05.2016), veröffentlicht: 13.07.2015.

Stober, Rolf (2008): Privatisierung öffentlicher Aufgaben: Phantomdiskussion oder Gestaltungsoption in einer verantwortungsgeteilten, offenen Wirtschafts-, Sozial- und Sicherheitsverfassung?, in: Neue Juristische Wochenschrift 2008: 2301-2308.

Voßkuhle, Andreas (2003): Beteiligung Privater an der Wahrnehmung öffentlicher Aufgaben und staatliche Verantwortung: 2. Bericht von Andreas Voßkuhle, in: Veröffentlichungen der Vereinigung der Deutschen Staatsrechtslehrer (Band 62) 2003, 266-365.

Walter, Ernst G./Stüven, Jörg (2015): Beginn der Ferienzeit – DPolG: Luftsicherheit gehört in staatliche Hand, Onlinequelle: http://dpolg-bpolg.de/wp/?p=8625 (Abrufdatum 14.05.2016), veröffentlicht: 26.06.2015.

Weisel, Klaus (2003): Das Verhältnis von Privatisierung und Beleihung, Baden-Baden: Nomos.

15

Westdeutscher Rundfunk Köln (2016): Flughafen Köln/Bonn: Sicherheitstest nicht bestanden, Onlinequelle: http://www1.wdr.de/nachrichten/landespolitik/flughafen-sicherheit-westpol-100.html (Abrufdatum: 14.05.2016), veröffentlicht: 16.04.2016.